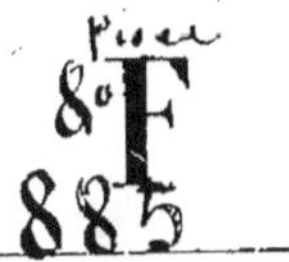

TEXTES

DE DROIT COUTUMIER

CLASSÉS ET MIS EN ORDRE

PAR

MM. E. C., professeur, et GL. L., maître de conférence
à l'Institut catholique de Paris

COUTUME DE PARIS

PARIS

IMPRIMERIE TYP. ET LITH. — G. LAMBERT

6, QUAI DES ORFÈVRES 6

1884

TEXTES

DE DROIT COUTUMIER

CLASSÉS ET MIS EN ORDRE

PAR

MM. E. C., professeur, et GL. L., maître de conférence
à l'Institut catholique de Paris

COUTUME DE PARIS

PARIS

IMPRIMERIE TYP. ET LITH. — G. LAMBERT

6, QUAI DES ORFÈVRES 6

—

1884

COUTUME DE PARIS

TITRE I

DE FIEFS

SECTION I. — **De l'ouverture de fief, des mutations qui la produisent et des droits divers qui en résultent pour le seigneur.**

ARTICLE PREMIER. Le seigneur feodal par faute d'homme, droicts et devoirs non faicts et non payez peut mettre en sa main le fief mouvant de luy, et iceluy fief exploicter en pure perte, et faire les fruicts siens, pendant la main-mise à la charge d'en user par luy comme un bon père de famille.

ART. 2. L'usufruictier d'un fief peut à sa requeste, perils et fortunes, faire saisir le fief ou fiefs et arrières-fiefs ouverts, mouvans et dépendans du fief, dont il jouyt par usufruict, à faute d'hommes, droicts et devoirs non faicts et non payez ; pourveu qu'en l'exploict qui sera faict, le nom du propriétaire du fief soit mis et apposé : sommation toutesfois préalablement faicte audit propriétaire, à sa personne, ou au lieu du fief dominant, de faire saisir. Et ne peut le propriétaire bailler main-levée, sinon en payant les droicts audit usufruictier.

Art. 61. Tant que le vassal dort, le seigneur veille ; et tant que le seigneur dort, le vassal veille.

Art. 62. C'est-à-dire que le seigneur ne faict les fruicts siens, paravant qu'il ait saisi, et après la saisie les fruicts sont siens, jusques à ce que le vassal ait fait son devoir, en renouvellant toutefois par le seigneur la saisie de trois ans en trois ans comme dessus est dit.

Art. 66. L'ancien vassal ne doit que la bouche et les mains à son nouveau seigneur.

Art. 3. Quant aucun fief eschet par succession de pere, mere, ayeul ou ayeulle, il n'est deu au seigneur feodal dudit fief, par les descendans en ligne directe, que la bouche et les mains, avec le serment de fidelité, quand lesdits pere et mere, ayeul ou ayeulle, ont faict et payé les droits et devoirs en leurs temps : en ce non compris les fiefs qui relevent et se gouvernent selon la coustume du Vexin le François. Esquels fiefs, qui se gouvernent selon la coustume dudit Vexin, est deû relief à toutes mutations; et aussi ne sont deûz quints.

Art. 4. Pareillement aux successions venans à pere mere, ayeul ou ayeulle, de leurs enfans et descendans, n'est deû au seigneur feodal que la bouche et les mains avec le serment de fidélité, quand lesdits enfans ont faict l'hommage et payé les droicts, fors et excepté les fiefs du Vexin, comme dessus.

Art. 33. En toutes mutations de fief est deu droict de rachapt ou relief, fors et excepté celles qui se font par vendition ou bail à rente rachetable, esquelles est deû par l'achepteur ou preneur à rente le quint dernier, comme dessus est dit : et pour celles qui se font par succession, ou par donations en ligne directe, n'est rien deû, si ce n'est au Vexin le François, comme dessus.

Art. 6. N'est aussi deû droict de relief par la renonciation faicte par aucuns des enfans à l'heredité de leurs pere et mere, ayeul ou ayeulle, encore que par ladite renonciation il y ait accroissement au profit des autres enfans : pourveu toutesfois que pour faire ladite renonciation n'y ait argent baillé, ou autre chose équipolente.

Art. 5. N'est deû foy et hommage, relief, ne profit feodal par la femme acceptant communauté, pour le fief acquis par le mary durant ladite communauté. Aussi n'est deû relief ne profit feodal par les heritiers dudit mary advenant que ladite vefve renonce à ladite communauté ; encores que par le moyen de ladite renonciation le total dudit fief demeure aux heritiers du mary : pourveu qu'esdits cas ledit mary ait faict la foy et hommage, et payé les droicts.

Art. 35. Le fils aisné en faisant la foy et hommage au seigneur feodal, acquitte ses soeurs de leur premier mariage, tant de la foy, que du relief, où il est deû relief, les noms et aages desquelles il est tenu déclarer en portant la foy.

Art. 36. Et s'il n'y a que filles, ou que le fils aisné, si aucun y a, n'ait porté la foy et hommage, n'est deû droict de relief en ligne directe par lesdites filles, à cause de leur premier mariage, lesquelles neantmoins esdits cas, ou leurs maris pour elles, doivent porter ladite foy sans payer relief.

Art. 37. Mais si elles se marient en secondes ou autres nopces, est deû relief pour chacun desdits autres mariages.

Art. 38. Et si pendant ledit premier, second ou autre mariage, ledit fief eschet à une femme en ligne directe, semblablement n'est deû relief pour ladite mutation : mais si ledit fief eschet en ligne directe collatérale, avant qu'elle soit mariée, est deû relief : comme aussi est deû en toutes mutations qu'elle fera par mariage ; et si pendant l'un desdits mariages ledit fief luy eschet en ligne collatérale, n'est deû qu'un seul droict de relief pour ladite mutation. tant pour son mary que pour elle.

Art. 39. La femme demourant en viduité après le decez de son mary, qui avait relevé son fief, et payé les droicts pour ce deûs, ne doit aucun relief, ains seulement est tenu faire la foy et hommage, si elle ne l'a faicte.

Art. 40. La femme douairiere n'est tenue pour son douaire faire la foy et hommage, ne payer aucun relief ne profit : mais est tenu l'heritier l'en acquitter, et payer le profit, s'il est deû de son chef.

Art. 46. Le gardien noble ou bourgeois n'est tenu payer droict de relief pour les héritages féodaux apparte-nans aux mineurs desquels il est gardien : mais il est tenu les en acquitter, s'il en est deû du chef des-dits mineurs.

SECTION II. — Port de foi.

Art. 67. Le seigneur feodal n'est tenu, si bon ne luy semble, de recevoir la foy et hommage de son vassal, s'il n'est en personne : si ledit vassal n'a excuse suf-fisante. Auquel cas d'excuse suffisante est tenu le recevoir par procureur, si mieux n'aime ledit seigneur bailler souffrance, et attendre que l'excuse cesse.

Art. 41. Si tous les enfans auxquels appartient aucun fief sont mineurs et en tutelle, le seigneur feodal est tenu de leur bailler souffrance, ou à leur tuteur, jusqu'à ce qu'ils, ou l'un d'eux soit en aage, pour faire ladite foy et hommage. Pour laquelle faire le fils est reputé aagé à l'aage de vingt ans, et la fille à.l'aage de quinze ans accomplis, comme dessus est dit. Et est tenu le tuteur declarer les noms et aages des mineurs, pour lesquels il demande souffrance.

Art. 42. Souffrance vaut foy tant qu'elle dure.

Art. 64. Ledit seigneur feodal n'est tenu recevoir la foy de son vassal en autre lieu que celuy du fief, si bon ne luy semble.

Art. 63. Le vassal pour faire la foy et hommage et ses offres à son seigneur feodal, est tenu aller vers ledit seigneur au lieu dont est mouvant ledit fief, et y estant, demander si le seigneur est au lieu, ou s'il y a autre pour luy ayant charge de recevoir la foy et hommage et offres. Et ce faict doit mettre un genouil en terre, nüe teste, sans espée ne esperons, et dire qu'il luy porte et faict foy et hommage, qu'il est tenu faire à cause dudit fief mouvant de luy : et declarer à quel tiltre ledit fief luy est advenu, le requerant qu'il luy plaise le recevoir. Et où le seigneur ne seroit trouvé, ou autre ayant pouvoir pour luy, suffit faire foy et hommage et offres devant la principale porte du manoir, après avoir appellé à haute voix le seigneur par trois fois ; et s'il n'y a manoir, au lieu seigneurial dont dépend ledit fief ; et en cas d'absence dudit seigneur ou ses officiers, faut notifier lesdites offres au prochain voisin dudit lieu seigneurial, et laisser copie.

SECTION III. — Saisie féodale.

ART. 65. Quand un fief vient de nouvel, par succession, acquisition ou autrement, à aucune personne, le nouveau seigneur ne peut empescher n'y mettre en sa main les fiefs qui sont tenus de luy, jusques à ce qu'il ait faict faire les proclamations et significations, que ses vassaux luy viennent faire la foy et hommage dedans quarante jours. Et ce faict lesdits quarante jours passez, si lesdits vassaux ne se présentent, il peut saisir et exploicter les fiefs tenus et mouvans de luy, et faire les fruicts siens : pourveu toutesfois que ladite proclamation et signification ait esté faite, c'est à sçavoir quant aux fiefs estans és duchés, comtés, baronnies et chastellenies dont ils sont mouvans, par proclamations à son de trompe et cry public, par trois jours de dimenche ou de marché, si marché y a : et quant aux fiefs estans hors desdits duchés, comtés, baronnies et chastellenies dont ils sont mouvans, par signification faite au vassal à sa personne, ou au lieu du fief, s'il y a manoir, ou au procureur dudit vassal, si aucun y a, sinon au prosne de l'église parochiale dudit lieu, en jour de dimenche, ou autre jour solennel.

Art. 7. Le seigneur feodal, après le trespas de son vassal, ne peut saisir le fief mouvant de luy, ne exploicter en pure perte, jusques à quarante jours après ledit trespas.

Art. 30. Et pourtant ledit seigneur feodal est tenu faire notifier la main-mise à son vassal, au principal manoir de son fief, du moins à celuy qui tient le dit fief, ou laboure les terres d'iceluy, ou par publication générale, au prosne de l'église parochiale dudit lieu saisi, et faire enregistrer au greffe de la Justice dudit lieu.

Art. 31. La saisie feodale doit estre renouvellée de trois ans en trois ans, autrement n'a effect que pour trois ans, et pour l'advenir, demeurent les commissaires deschargez.

Art. 29. Si le vassal enfraint ladite main-mise venue à sa cognoissance, il est tenu rendre les fruicts et les levées par luy receues dès et depuis ladite mainmise.

Art. 28. Le seigneur feodal, après qu'il a saisi ou

faict saisir et mettre en sa main le fief tenu et mouvant
de luy, par faute d'homme, droicts et devoirs non
faicts, pendant et durant le temps de sadite main-mise,
et qu'il le tient en sa main, n'est tenu de payer et
acquitter les rentes, charges, ou hypotheques non
infeodées, constituées sur iceluy par son vassal.

ART. 59. Et si le vassal avait baillé son fief à rente
sans démission de foy, et le seigneur le met en sa main
par faute d'homme, droicts et devoirs non faicts, s'il y
a des terres emblavées, ledit seigneur peut, si bon luy
semble, prendre les gaignages de ladite terre, en rendant les feurs, labours et semences, et n'est tenu ledit
seigneur se contenter de prendre la rente, pourveu
qu'elle ne soit inféodée.

ART. 54. Le seigneur féodal qui met en sa main le
fief mouvant de luy par faute d'homme, droicts et devoirs non faicts, peut semblablement mettre en sa
main tous les arrières-fiefs ouverts dépendans d'iceluy
fief, pour en jouyr comme un bon père de famille.

ART. 55. En ce cas, les proprietaires ou seigneurs
desdits arrières fiefs, et chacun d'eux, peuvent faire
la foy et hommage au seigneur dont ils tiennent en
arrières-fiefs, lequel est tenu de les recevoir et leur
bailler main levée, en lui payant les droicts et devoirs
si aucuns en sont deuz, à cause de l'arrière-fief qui leur
appartient.

Art. 56. Le seigneur féodal qui met en sa main par faute d'homme, droicts et devoirs non faicts, le fief tenu et mouvant de luy, qui de bonne foy et sans fraude a esté baillé à loyer ou moison par son vassal, en tout ou partie, doit se contenter de la redevance deue par le fermier du preneur, pour ce qui est baillé à ferme, et pour le surplus le peut exploicter par ses mains, en rendant les labours, semences et frais de ce qu'il exploicte ou met en ses mains.

Art. 57. La Coustume dessus dite a lieu, quand le seigneur féodal veut avoir le revenu d'un an pour son droict de relief.

Art. 58. Si le vassal tient en ses mains son fief, et ne l'a baillé à ferme ou moison, et il est exploicté par le seigneur dominant, ledit seigneur dominant doit avoir les caves, greniers, granches, estables, pressouers et celiers, qui sont au principal manoir, et basse-court, servant pour recueillir et garder les fruicts, et aussi portion du logis pour se loger, quand il voudra aller pour cueillir et conserver les fruicts, sans toutesfois desloger son vassal, femme, enfans et famille y demeurans et habitans. Et si le fief consiste en une maison seule, si elle est louée par le vassal, se doit le seigneur contenter du louage. Et si elle n'est louée, il prendra le loyer au dire de gens à ce connaissans.

SECTION IV. — Dénombrement et saisie faute de dénombrement.

ART. 8. Le vassal qui a esté receu en foy et hommage par son seigneur, est tenu de bailler son dénombrement, en forme probante et authentique, escrit en parchemin, passé par devant notaires ou tabellions, dedans quarante jours, à compter du jour de ladite reception.

ART. 11. Neantmoins le vassal qui a faict ses foy et hommage et offres au désir de la coustume, peut bailler sondit dénombrement quand bon luy semble, et n'est tenu attendre lesdits quarante jours, ne la réception en foy.

ART. 10. Apres que le vassal a fait ses foy et hommage, et offres au desir de la coustume, peut bailler sondit dénombrement dedans quarante jours après iceluy baillé, autrement est tenu pour receu. Toutesfois ledit vassal est tenu aller ou envoyer querir ledit blasme, au lieu du principal manoir dont est mouvant ledit fief.

ART. 9. Si le vassal ne baille son denombrement dedans quarante jours après qu'il aura esté receu par son seigneur en foy et hommage, iceluy seigneur peut saisir le fief et y mettre commissaires jusques à ce que ledit denombrement luy ait esté baillé : mais il ne fait

les fruicts siens, et en doit rendre compte le commis-
saire, apres iceluy denombrement baillé.

SECTION V. — Droit de rachat ou relief.

ART. 47. Droict de relief est le revenu du fief d'un
an, ou le dire de preud'hommes, ou une somme pour
une fois offerte de la part du vassal, au choix et élec-
tion du seigneur féodal.

ART. 49. Et commence ladite année au jour des
offres acceptées, ou valablement faictes par le vassal,
jusques à pareil jour l'an revolu : et ne se faict qu'une
cueillette d'une sorte de fruicts.

ART. 48. S'il y a bois taillis, estangs, saulsaye, et
autres choses semblables, qui ne se coupent ou per-
çoivent par chacun an, les fruicts se prennent pour
portion du temps qu'ils ont accoustumé estre prins,
coupez ou perceuz, ou non, encores qu'ils soient coupez ou perceuz, en ladite année, les frais déduits sur
lesdits fruicts.

ART. 50. Le seigneur féodal qui a choisi pour son
droict de relief le revenu d'un an du fief mouvant de
luy, peut, si bon luy semble, prendre iceluy revenu ;
et est le vassal tenu de luy communiquer les papiers de

ses receptes, ou luy en extraire la déclaration sur iceux papiers aux despens du seigneur.

SECTION VI. — Du quint et du retrait féodal, de la commise et du combat de fief, et de l'acquisition faite par le seigneur en sa censive.

ART. 23. Quand un fief est vendu, ou baillé à rente rachetable, l'acheteur doit payer le quint denier du prix ou sort principal de la rente, encores qu'elle ne soit rachetée.

ART. 20. Le seigneur féodal peut prendre, retenir et avoir par puissance de fief, le fief tenu et mouvant de luy, qui est vendu par son vassal, ou payant le prix que l'acquereur en a baillé et payé, et les loyaux coustemens, dedans quarante jours apres que on luy a notifié ladite vente, et exhibé les contracts, si aucuns y en a, par escrit, et d'iceux baillé copie.

ART. 21. Si ledit seigneur féodal a receu le quint denier à luy deû, à cause de la vendition du fief mouvant de luy, chevy, ou baillé souffrance, ledit seigneur féodal ne peut plus retenir ledit fief par puissance de fief, pour l'unir et mettre en sa table, à cause d'icelle vendition.

Art. 22. Quand le seigneur feodal a prins et retenu par puissance de fief le fief tenu et mouvant de luy et ledit fief luy est depuis evincé par retraict lignager, le retrayant est tenu payer audit seigneur les droicts de quints, avant que ledit seigneur soit tenu de le recevoir en foy et hommage dudit fief.

Art. 45. Si le seigneur a mis en sa main le fief qu'il dit estre mouvant de luy, par faute d'homme, et le vassal le désavoue ou dénie à seigneur, iceluy vassal doit avoir provision, et jouyr dudit fief pendant le procez.

Art. 43. Le vassal qui dénie le fief estre tenu du seigneur feodal dont il est tenu et mouvant, confisque iceluy fief.

Art. 44. Et apres que le vassal aura advoüé ledit seigneur féodal, ledit seigneur et vassal communiqueront l'un à l'autre leurs adveuz, dénombremens et tiltres de la tenure dudit fief, qu'ils ont pardevers eux, et s'en purgeront par serment, s'ils en sont requis, et est tenu le vassal satisfaire le premier.

Art. 60. Quand entre plusieurs seigneurs est question d'aucun fief, que chacun d'iceux seigneurs dit estre mouvant de luy, le vassal en doit estre receu par main souveraine, et jouyr pendant le procez, en consignant par luy en justice les droicts et devoirs par luy deuz à cause d'iceluy fief : et après le procez terminé, est tenu le vassal faire et porter la foy à celuy qui aura obtenu, quarante jours après la signification à luy faicte de la sentence ou arrest.

Art. 53. Les héritages acquis par un seigneur de fief en sa censive sont réunis à son fief, et censez féodaux, si par après le seigneur ne déclare qu'il veut que lesdits héritages demeurent en roture.

SECTION VII. - Démembrement et jeu de fief.

Art. 51. — Le vassal ne peut démembrer son fief au préjudice, et sans le consentement de son seigneur : bien se peut jouer et disposer, et faire son profit des héritages, rentes ou cens estans dudit fief sans payer profit au seigneur dominant, pourveu que l'aliénation n'excede les deux tiers, et qu'il en retienne la foy entiere, et quelquc droict seigneurial et domanial sur ce qu'il aliène.

Art. 52. Et néantmoins s'il y a ouverture de fief, le seigneur peut exploicter tout ledit fief, tant pour ce qui est retenu, qu'aliéné ; sinon que le seigneur féodal eust inféodé le droict domanial, retenu en faisant ladite aliénation, ou bien qu'il l'eust receu par adveu.

SECTION VIII. — De l'action pour les droits utiles, et de la prescription

ART. 24. Le seigneur feodal se peut prendre à la chose, pour les profits de son fief.

ART. 12. Le seigneur féodal ne peut prescrire contre son vassal le fief sur lui saisi ou mis en sa main, par faute d'homme, droicts et devoirs non faitcs, ou denombrement non baillé. ni le vassal la foy qu'il doit à son seigneur, pour quelque temps qu'il en ait jouy, encores que ce fust par cent ans et plus. Toutes-fois les profits des fiefs escheuz se prescrivent par trente ans, s'il n'y a saisie ou instance pour raison d'iceux.

APPENDICE A

ART. 355. Le seigneur féodal, ou censier, n'est tenu s'opposer aux criées pour son droict de fief ou censive, ains est entendu l'adjudication par décret estre faicte à la charge desdicts droicts de fief ou censive, fors et excepté pour le regard des arrérages ou profits féo-daux précédans l'adjudication, pour lesquels lesdits seigneurs sont tenus de s'opposer, autrement en sont exclus.

Art. 358. Comme aussi sont tenus lesdits seigneurs eux opposer pour droicts de quints, reliefs, ventes et amendes, et autres droicts seigneuriaux qu'ils veulent prétendre sur l'héritage decrété. Et en ce faisant, sont préferez à tous autres créanciers.

SECTION VIII. — De la succession féodale.

Art. 13. Au fils aisné appartient par préciput le chasteau ou manoir principal et basse court attenant et contigue audit manoir destinée à iceluy : encores que le fossé du chasteau ou quelque chemin fust entre deux. Et outre luy appartient un arpent de terre de l'enclos ou jardin joignant ledit manoir, si tant y en a : et si ledit enclos contient davantage, l'aisné peut retenir le tout, en baillant récompense aux puisnez de ce qui est outre ledit arpent en terres ou héritages de ladite succession, à la commodité des puisnez, le plus que faire se pourra, au dire de preud'hommes. Et s'entend l'enclos, ce qui est fermé de murs, fossez ou hayes vifves.

Art. 14. Si dans l'enclos du préciput de l'aisné y a moulin, four ou pressouer : le corps dudit moulin four ou pressouer appartient à l'aisné : mais le profit du moulin bannal ou non bannal, et du four et pressouer s'ils sont bannaux, se partira comme le reste du fief. Et sont tenus les puisnez de contribuer aux frais des moulans, tournans et travaillans dudit moulin, corps du four et pressouer et ustenciles d'iceux, pour portion du profit qu'ils en prennent. Peut toutesfois l'aisné avoir ledit droict de profit et bannalité, en récompensant lesdits puisnez, comme dessus.

ART. 18. S'il n'y a manoir principal en un fief appartenant à deux ou plusieurs enfans par la succession de leur père ou mère, ains seulement terres labourables, le fils aisné peut avoir un arpent de terre en tel lieu qu'il voudra eslire par préciput, pour et au lieu dudit manoir.

ART. 15. Quand père et mère ayans fiefs et héritages tenus noblement vont de vie à trespas, délaissé seulement deux enfans venans à leur succession; au fils aisné pour son droict d'aisnesse appartient par préciput en chacune desdites successions, tant de père que de mère, un hostel tenu en fief, tel qu'il veut choisir pour manoir principal, avec l'enclos et basse court, comme dessus est dit : et les deux tiers des susdits fiefs et héritages tenus noblement. Et à l'autre desdits enfans compète et appartient l'autre tiers et résidu desdits fiefs et héritages noblement tenus estans desdites successions.

- Art. 16. S'il y a plusieurs enfans excédans le nombre de deux, venans à leur succession; au fils aisné par préciput pour son droict d'aisnesse appartient en chacune desdites successions, tant de père que de mère, un hostel tenu en fief, tel qu'il veut choisir pour principal manoir, avec l'enclos et basse court, ainsi que dit est, et la moitié de tous les autres héritages tenus en fief; et à tous les autres enfans ensemble l'autre moitié et résidu desdits fiefs et héritages tenus noblement.

Art. 17. Si esdites successions de père et mère, ayeul ou ayeulle, y a un seul fief consistant en un manoir, basse court et enclos d'un arpent, sans autre appartenance ny autres biens, audit fils aisné seul appartient ledit manoir, basse court et enclos, comme dessus, sauf toutesfois aux autres enfans leur droict de légitime ou droict de douaire coustumier ou préfix, à prendre sur ledit fief. Et où il n'y aurait autres biens qui ne fussent suffisans pour fournir lesdits droicts aux enfans, le supplément de ladite légitime ou dudit douaire se prendra sur ledit fief. Et toutesfois audit cas le fils aisné peut bailler aux puisnez récompense en argent au dire de preud'hommes, de la portion qu'ils pourraient prétendre sur ledit fief.

Art. 27. Si telle donation est faicte à l'aisné, et par le moyen d'icelle il renonce à la succession, entre les puisnez n'y a droict d'aisnesse.

Art. 19. Quand il n'y a que filles venans à succession directe ou collatérale, droict d'aisnesse n'a lieu, et partissent également.

Art. 25. En succession ou hoirie en ligne collatérale en fief, les femelles n'héritent point avec les masles en pareil degré.

Art. 68. Franc aleu auquel y a justice, censive, ou fief mouvant de luy, se partit comme fief noble : mais où il n'y a fief mouvant de luy, justice ou censive, il se partit roturièrement.

APPENDICE B

Articles du titre XV nécessaires à l'intelligence de la matière des successions féodales.

Art. 318. Le mort saisit le vif, son hoir plus proche, et habile à lui succéder.

Art. 302. Les enfans, héritiers d'un défunct, viennent également à la succession d'iceluy défunct, fors et excepté des héritages tenus en fief ou franc aleu noble, selon la limitation mentionnée au tiltre des Fiefs.

ART. 303. Père et mère ne peuvent par donation entre vifs, par testament et ordonnance de dernière volonté, ou autrement en manière quelconqne, advantager leurs enfans venans à leur succession l'un plus que l'autre.

ART. 310. Le droict et part de l'enfant qui s'abstient et renonce à la succession de ses père ou mère, accroist aux autres enfans héritiers, sans aucune prérogative d'aisnesse de la portion qui accroist.

ART. 319. En ligne directe représentation a lieu infiniement, et en quelque degré que ce soit.

ART. 324. — Les enfans du fils aisné, soient masles ou femelles, survivans leur père, venans à la succession de leur ayeul ou ayeulle, représentent leur dit père au droict d'aisnesse; et s'il n'y a que filles, elles représentent leur père toutes ensemble pour une teste audit droict d'aisnesse, et sans droict d'aisnesse entre elles.

ART. 320. En ligne collatérale représentation a lieu quand les nepveuz ou niepces viennent à la succession de leur oncle ou tante, avec les frères et sœurs du décédé. Et audit cas de représentation, les représentans succèdent par souches et non par testes.

ART. 322. Toutesfois les masles venant d'une fille, et succédans, comme dit est, par représentation, ne prennent aucune chose ès fiefs délaissez par le trespas de leur oncle et tante, non plus que leur mère eust faict venant à succession avec ses frères.

Art. 323. Et si en ladite succession collatérale il y a fiefs, les enfans des frères n'excluent leurs tantes, sœurs du défunct, ains y succèdent lesdites tantes de leur chef, comme estans les plus proches, avec les enfans des frères. Et s'ils sont plusieurs enfans de frère, succèdent seulement pour une teste avec leur tante.

Art. 326. Et quant aux propres héritages, luy succèdent les parens qui sont plus proches du costé et ligne dont sont advenus et escheuz au défunct lesdits héritages : encores qu'ils ne soient plus proches parens du défunct. Fors et excepté qu'en fiefs le masle exclud les femelles en pareil degré, sans aussi exclure les enfans des frères et sœurs venans par représentation comme dessus.

Art. 327. Les héritiers d'un défunct en ligne collatérale partissent et divisent également entre eux par testes, et non par souches, les biens et succession dudit défunct, tant meubles que héritages, non tenus et mouvans en fief.

Art. 331. En ligne collatérale les héritages tenus et mouvans en fief se partissent et divisent entre cohéritiers sans droict ou prérogative d'aisnesse.

Art. 332. Les héritiers d'un défunct en pareil degré, tant en meubles que immeubles, sont tenus personnellement de payer et acquitter les debtes de la succession chacun pour telle part et portion qu'ils sont héritiers d'icéluy défunct; quand ils succèdent également.

Art. 334. Et quand ils succèdent les uns aux meubles, acquests et conquests, les autres aux propres, ou qu'ils sont donataires ou légataires universels : ils sont tenus entre eux contribuer au payement des debtes, chacun pour telle part et portion que ils en amendent. En quoi ne sont compris les aisnés en ligne directe, lesquels ne sont tenus des debtes personnelles en plus que les autres cohéritiers pour le regard de leur dite aisnesse.

Art. 335. En succession collatérale, quand il y a masles et femelles succédans en fief et roture, chacun paye pour portion de l'émolument.

SECTION IX. — Droits de colombier, de bannalités et de corvées.

Art. 69. Le seigneur haut justicier qui a censive peut avoir colombier à pied ayant boulins jusques au rez de chaussée.

Art. 70. Aussi le seigneur non haut justicier ayant fief, censive et terres en domaines jusques à cinquante arpens peut avoir colombier à pied.

Art. 71. Nul seigneur ne peut contraindre ses subjects d'aller au four ou moulin qu'il prétend bannal, ou faire courvées, s'il n'en a tiltre valable, ou adveu et dénombrement ancien. Et n'est réputé tiltre valable s'il n'est auparavant vingt-cinq ans.

Art. 72. Le moulin à vent ne peut estre bannal ne soubz prétexte de ce les musniers voisins empeschez de chasser, s'il n'y a tiltre ou recognoissance par escrit comme dessus.

* 9 7 8 2 0 1 3 3 9 9 4 5 6 *